MÉMOIRE JUSTIFICATIF

POUR

GUY, CHAUMONTQUITRY,

RÉPUBLICAIN FRANÇAIS;

EN RÉPONSE

AU LIBELLE ANONYME ET CALOMNIEUX INTITULÉ

LA CONSCIENCE PUBLIQUE;

Précédé d'une lettre au Citoyen CRELL, Secrétaire-interprète près le Tribunal correctionnel, et se prétendant l'organe de la *conscience publique* de la ville de Trèves.

Un écrit clandestin n'est pas d'un honnête homme,
Quand j'accuse quelqu'un, je le dois, et me nomme.

GRESSET, comédie du méchant (acte 5me.)

22 Niyôse an 10.

NOTE IMPORTANTE.

Il m'a été déclaré conformément à la loi, que le Citoyen CRELL *, Secrétaire-interprète près le Tribunal correctionnel de l'arrondissement communal de Trèves était l'auteur du pamphlet calomnieux intitulé la* conscience publique *; c'est ce qui m'a autorisé à lui adresser la lettre suivante que j'ai cru devoir mettre en tête de mon mémoire justificatif.*

GUY, CHAUMONTQUITRY, républicain français,

Au Citoyen CRELL, Secrétaire-interprète près le Tribunal correctionnel de l'arrondissement communal de Trèves, et se prétendant l'organe de la conscience publique de cette ville ;

C'est donc vous, Citoyen CRELL, qui avez officieusement prêté votre nom aux ennemis implacables qui ont conjuré ma perte ! c'est donc vous, qui avez le courage véritablement héroïque de vous avouer pour père unique d'un enfant que vos nombreux rivaux ont la lâcheté d'abandonner dès sa naissance, pour vous flétrir de sa paternité, c'est donc vous qui êtes le *Bouc émissaire* de la clique qui me poursuit !

N'est ce pas là le cas de s'écrier avec le prince des Lyriques latins :

Pastillos Ruffillus olet, Gorgonius Hircum !

Je vous félicite de votre énergie, car enfin il vous en faut une certaine dose pour vous montrer ainsi sur le trottoir de l'opinion publique ; et contre votre attente peut-être, voilà votre nom condamné à faire gémir la presse pour la première fois de votre vie. N'importe, vous courez les chances de la célébrité, cet espoir vous soutiendra sans doute dans la carrière ; et si l'incendie d'un temple fameux assura l'immortalité à

4

son destructeur, vos calomnies et vos injures peuvent
bien justement vous recommander à la postérité comme le *Thersite* (1) de la ville de Trèves.

Muni de ce brevet vous aurez comme tant d'autres
votre place dans le temple de la sottise, mais obscur
et confondu dans la foule de ses adorateurs, votre nom
ne sera pas même recueilli par les Pope ou les Palissot.

Ce n'est point pour vous marquer votre place dans
son sanctuaire, que je prends aujourd'hui la plume,
mais vous avez eu l'audace de vous créer l'organe de la
conscience publique de la ville de Trèves, il faut répri-
mer cette entreprise gigantesque il faut vous rendre à
la classe des nains dont vous n'avez jamais cessé de
faire partie car:

Je ne sais point au ciel placer un ridicule;

D'un nain faire un Atlas, ou d'un Lâche un Hercule.

Et qui êtes vous donc Citoyen CRELL, pour vous
faire ainsi l'organe de la conscience publique de toute
une ville? êtes-vous revêtu d'un caractere qui concen-
tre en vous la confiance générale? êtes-vous parvenu à
un âge assez avancé pour faire supposer que vous ayez
imposé le joug à vos passions personnelles et que vous
ne puissiez être sous aucun rapport l'instrument de
celles des autres? quoique jeune encore, avez-vous commandé l'admiration universelle par la hardiesse de votre génie, la sagacité de votre esprit, vos talens trans-
cendants ou quelqu'action éclatante? pouvez vous
enfin prouver la légitimité de la mission sacrée d'organe de la conscience publique que vous avez si impudemment usurpée? non sans doute: ayant à peine

____

(1) Thersite *grec lâche et insolent*, qu'Achille piqué de ses injures tua d'un coup de poing. Il était si laid, qu'il était passé
en proverbe pour exprimer un visage hideux, de dire que c'é-
tait *une face de Thersite.*

(*Dictionnaire abrégé de la fable par Chompré.*)

atteint la moitié de la carrière de votre vie; claquemuré dans le greffe poudreux d'un Tribunal correctionnel près duquel vous exercez les fonctions très bornées de Secrétaire-interprète, sans savoir la langue française dont vous ne connaissez même pas les premiers élémens; connu des seuls habitans que des délits ou des affaires malheuseuses amènent devant le Tribunal correctionnel; vous prétendez, vous, Citoyen Crell, être l'organe de la conscience publique de la ville de Trèves? vous prétendez *avoir parcouru toutes les classes* (de Citoyens ou d'habitans sans doute, car la rapidité avec laquelle le Secrétaire-interprète écrit le français lui a fait omettre un de ces mots) *pour recueillir les voix sur mon appel.* Vous les avez recueillies ces voix? et quel en est le nombre? c'est ce que vous omettez sciemment et à dessein de nous déclarer. Vous les avez recueillies? et quels sont les individus marquans qui vous ont fait le confident de leur opinion sur mon jugement? voilà un plaisant Secrétaire-interprète, que celui qui court de maisons en maisons, de boutiques en boutiques pour recueillir les voix sur un jugement rendu par le Tribunal près duquel il est employé!.....

Soyez franc, si vous le pouvez, Citoyen Crèil, et avouez-nous que cette Conscience publique dont vous vous déclarez si fastueusement l'interprète est le résultat du témoignage de la vôtre et de celle du Président qui m'a condamné.

Chargé par lui de répondre à mon appel qui l'a effarouché, vous n'avez pu refuser votre maître; et nouveau Séide, vous avez aiguisé le poignard, vous l'avez dirigé contre mon sein pour complaire à votre petit Mahomet. Dites-lui que les coups qu'il m'a fait porter par votre main ne m'effrayent pas plus que ceux qu'il s'était proposé de me porter lui même et pour lesquels il a eu la lâcheté de vous commettre ; rappellez-lui sur-tout que le Magistrat qui a eu la bassesse de demander l'amitié d'un individu qu'il avait deux jours auparavant condamné comme *escroc*, a donné, par cette demande, la mesure du mepris public auquel il doit étre dévoué. (1)

---

(1) Deux jours après ma condamnation je suis allé voir le Cit. *Saal* ainé. Son frère le Président du Tribunal fut celui qui m'ouvrit la porte de sa maison. Sa première parole fut : *vous ne m'en voulez pas, sans doute, Citoyen ?* je lui répondis : *je ne venais point aujourd'hui pour avoir une explication avec vous, Citoyen Président, au sujet de mon jugement, je comptais y venir un autre jour avec un tiers, mais puisque vous m'interpellez j'aurai cette explication avec la franchise que je ne cesserai d'avoir.* Alors il me fit entrer dans la chambre ou était son frère ainé que je venais voir, *et pour cause......* et après lui avoir démontré qu'il était le seul de tous mes juges dont j'eusse droit de me plaindre parcequ'il m'avait géné d'une manière perfide dans ma défense en m'en traçant le plan et surtout la forme, il me dit ; *mais croyez vous que, de quelque manière que vous vous fussiez défendu vous n'eussiez pas toujours été condamné. Non certes, C. P. lui répondis-je, je ne l'eusse pas été, vous m'avez tenu la main fermée et si j'eusse laissé échapper la moitié des vérités qu'elle contenait, je vous aurais commandé à vous même la proclamation de mon innocence. Au reste, ma condamnation n'est pas votre ouvrage, elle vous a été ordonnée par un de mes ennemis les plus acharnés que vous n'avez cessé de voir depuis votre retour de Sarrebruck, et vous avez obéi à ses ordres suprêmes par peur ou par intérêt.* C'est après s'être excusé d'une manière embarrassée sur ces reproches dictés par la franchise, que ce magistrat finit par me dire *qu'il était toujours digne de mon amitié et qu'il me la demandait. Mon amitié !* m'écriai-je, *Citoyen Président, mon amitié ! l'amitié d'un homme que vous avez condamné avant-hier comme escroc ! vous ne pouvez pás la demander, car vous ne pouvez pas m'estimer et l'amitié ne peut aller sans l'estime. Ah ! quand le Tribunal*

Mais jettons un coup d'œil rapide sur cette *Conscience publique* enfant gâté de votre imagination. Je ne répondrai d'abord qu'aux personnalités, aux injures, et à tout ce qui est étranger aux huit faits sur lesquels j'ai été inculpé. Le Mémoire justificatif à la suite de cette lettre vous démontrera, Citoyen CRELL, que vous avez fabriqué quelquefois des faits qui n'existent dans aucunes dépositions de la procédure, que plus souvent, vous avez omis à dessein des circonstances qui opéraient ma décharge, et que presque toujours, vous avez tronqué, mutilé et falsifié les dépositions que vous avez transcrittes.

Vous paraissez en premier lieu me faire un reproche de n'avoir pas tenu à l'engagement que j'avais pris pages 18 et 19 de mon Précis historique de rendre publics les dépositions des témoins contre moi, et mes principaux moyens de défense; vous saurez cependant quels ont été les motifs du retard relativement à cet engagement. L'Accusateur public ayant appellé de mon jugement concurrement avec moi, j'ai prévu que la même défense sur les mêmes faits allait être soumise au Tribunal criminel, et j'ai attendu son résultat, quelqu'il fût, pour le présenter au public. Vous avez prévenu son désir, Citoyen CRELL, vous avez voulu

---

supérieur m'aura rendu mon honneur, je pourrai croire que vous mettiez un prix à mon amitié, mais jusques là, nous ne pouvons être amis l'un de l'autre.

Telle a été en substance la conversation que j'ai eue avec le Citoyen Saal en présence de son frère ainé qui pendant tout le tems qu'elle a duré ne proféra pas un seul mot.

J'ai appris que depuis, le Président en avait nié les principales circonstances que j'ai rapportées plus haut. Tout ce que je puis dire, c'est que je le mets au défi de les nier en ma présence. Un seul de mes regards le rappellerait bien vite à la vérité . . . .

sauver, dites-vous, *ma parole d'honneur* en publiant un amas indigeste de dépositions fausses ou mutilées, je ne m'en rapporte point à vous pour la tenir, je la trouverais trop mal remplie, mais vous serez satisfait, et vous trouverez ci-joint dans mon Mémoire justificatif des dépositions un peu plus fidèlement transcrittes et des réponses un peu plus péremptoires que dans votre pamphlet.

Je ne sais ce que c'est que faire *le gracieux en face de quelqu'un en étendant mes mains derrière la coulisse envers ses présens*, (page 2 de la Conscience de CRELL,) je laisse ce métier à ceux qui montent sur les planches et les tréteaux, et quelque rôle que le Citoyen CRELL me fasse jouer il ne me convaincra pas de celui-là. Mais je lui demanderai l'explication du mot *porto*, qui n'est ni français, ni allemand et qui est inscrit à la page trois de sa *Conscience*.

Quelques efforts que vous fassiez, Citoyen CRELL, pour me faire passer dans ces contrées pour un aventurier *sans domicile fixe, sans profession, sans place et sans fortune apparente*; (page 5 de votre Conscience,) mes interrogatoires que vous avez compulsés, puisqu'ils sont joints aux pièces de la procédure, répondent victorieusement à ces insinuations calomnieuses. Si je n'étais réellement qu'un aventurier *sans domicile, sans profession et sans fortune*, je n'aurais pas attendu depuis plus de huit mois un jugement réparateur des calomnies répandues contre moi. Personne ne doute que je sois aussi bon Citoyen que vous, je suis sûrement meilleur français, et ce titre-là n'est et ne sera jamais celui d'un aventurier.

Je n'ai point prétendu, Citoyen CRELL, *qu'ayant reçu une éducation au-dessus de l'ordinaire on ne pouvait penser que j'aie pu me ravaler à une semblable bassesse* (page

6 *de votre Conscience,*) j'ai dit tout le contraire, j'ai déclaré, *qu'ayant reçu une éducation au-dessus de l'ordinaire,
si j'avais pu me ravaler à une semblable bassesse, je devais
être d'autant plus puni;* et quand on est comme vous
Secrétaire-interprète auprès d'un Tribunal et par conséquent présumé savoir très bien les deux langues,
il est impardonnable de faire dire à un auteur que vous
lisez le contraire de ce qu'il a écrit, jugez des consé-
quences affreuses qu'une pareille bévue peut avoir
quand vous interprètez les dépositions des temoins
contre un prévenu.

Et quand vous concluez de cette éducation au-dessus de l'ordinaire, que j'ai voulu dire par là que j'étais
ancien noble; quelle pitoyable manière de raisonner !
apprenez donc qu'en France, dans l'ancien régime, ce
n'étaient point les nobles qui recevaient l'éducation
la plus brillante, ou au moins, qui en profitaient,
mais c'étaient généralement des individus appartenans
à la classe que l'on appellait alors tiers-état et qui a
produit le plus de grands hommes dans tous les gen-
res. On voit bien, Citoyen CRELL, que vous n'êtes
pas meilleur logicien que vous n'êtes bon Secrétaire-
interprète.

Le mot *Caméléons* se trouve bientôt au bout de votre
plume (*page* 6 *de votre Conscience,*) pour peindre à votre
manière les ci-devant nobles qui ont embrassé la cause
sacrée de la liberté. Caméléons ! oh ce mot là n'est pas
de vous, vous ne le connaissiez pas, il vous a été souflé,
ou par ce Caméléon autrefois serviteur d'un prince et
qui, depuis la révolution, le bonnet rouge sur la tête,
a envoyé à deux époques *différentes,* les deux par-
tis à la guillotine; ou par cet autre Caméléon qui coiffé
du bonnet quarré et revêtu de la toge sacerdotale, men-
tit jadis à sa propre Conscience en prêchant à ses ouail-
les la morale du plus doux des philosophes, et, de Mi-

nistre apostat d'un dieu de paix, s'est transformé depuis en oppresseur de ses propres Concitoyens.

Voilà les véritables Caméléons, Citoyen CRELL, ceux-là ne sont pas nobles et ne l'ont jamais été, et ce sont ceux-là qui se débattans dans le sang des victimes qu'ils ont fait égorger, essayent, pour me servir de votre expression, *d'en pallier les taches* dans l'eau de la bassesse et de la servilité; ce sont ces Caméléons qui ont embarrassé les roues du char de la révolution, en amoncelant sur son passage des cadavres et des ossemens, et qui rajusteraient demain le char brisé de la royauté, en lui faisant parcourir en sens inverse une route baignée des larmes et du sang des républicains.

Quant à moi, qu'il me soit permis de ne pas m'appliquer ce passage d'injures grossières de *votre Conscience* contre les ci-devant nobles qui ont soutenu et défendu les idées libérales. J'ai pu considérer le préjugé de la noblesse qui m'a été transmis à l'époque de ma naissance comme un malheur du au hazard, mais je ne l'ai jamais regardé comme une tache à quelqu'époque que ce soit de la révolution; pendant le peu de tems que j'ai été revêtu de cette qualité d'après les loix de mon pays, je l'ai appréciée ce qu'elle était dans la réalité, je l'ai jugée le résultat de la force contre la faiblesse et j'en ai conclu qu'elle était pour moi un motif de plus d'être utile à ma patrie; enfin, je l'ai reçue de mes pères pure et sans aucune flétrissure et je l'ai remise intacte sur l'autel de l'égalité, le jour où l'assemblée constituante a aboli la noblesse en France.

Relisez ce passage de *votre Conscience*, Citoyen CRELL, comparez le à quelques diatribes des jours sanglans de 93 et de 94, et vous trouverez qu'il y a quelqu'affinité; heureusement que ces lignes qui eussent peut-être provoqué alors mon arrêt de mort, n'attireront sur vous aujourd'hui que le souris de la pitié et du mépris.

Je les transcris ici pour qu'elles vous soient un sujet de remords :

Ce sont les Caméléons qui au premier son du tocsin se sont métamorphosés en républicains pour, sous la cocarde tricolore, pallier la tache qui les caractérise. Ils ne peuvent oublier l'égalisation et le partage qu'on a fait des biens de leurs parens émigrés. Ils voient en chaque Citoyen le prétendu voleur, et à la première occasion, ils useront du droit de représailles. Leur rapine est insatiable, et leur prodigalité consommera tout.

Savez-vous que parmi ces nobles dont vous nous faites un portrait si peu flatté, sont : les Bonaparte, les Mirabeau, les Désaix, les Truguet, les Dampierre, les Decrés, les Talleyrand-Périgord, les Dolomieu, les Laroche-Foucault, les Custines, les Beauharnais et tant d'autres que la République française avoue pour ses défenseurs les plus intrépides et la liberté pour ses véritables amis ?

Jusqu'à présent les Loke, les Rousseau, les Helvétius et tous les moralistes qui ont écrit sur l'éducation, ont démontré que, plus elle était soignée, plus elle rendoit les hommes civilisés, doux et vertueux, il était réservé au Moraliste CRELL, d'avancer qu'une éducation au-dessus de l'ordinaire *conduisait aux passions et aux crimes.* (page 6 de la Conscience de CRELL.)

Tournez le feuillet de votre Conscience, *le public est indigné, dites-vous, de cette conduite vraiment infâme de quelques employés de la Sous-Préfecture de Birkenfeld.* Mais pourquoi ne lui avez-vous pas fait partager la même indignation contre un si grand nombre d'allemands des différens cantons de l'Arrondissement qui tous sont prévenus d'avoir reçu illégalement des sommes de 1800, 2000, 3000 et 4000 Liv. dans des *Commissions de chevaux* et de comptes de ci-devant baillages ? pourquoi nommément, en nous traçant un si pompeux éloge de la moralité du Citoyen *Kœnig* (1) ex-baillif *de la Comtesse* de Dachstuhl-Wadern, Maire et Notaire au même lieu, n'avoir pas dit qu'il était généralement prévenu d'avoir commis les exactions les plus scandaleuses dans le ci-devant Canton de Hermeskeil ou il avait été envoyé Commissaire spécial pour la levée des chevaux, et que la seule partialité du juge de paix de Hermeskeil en faveur d'un indigène, l'a soustrait à la poursuite judiciaire dont je suis la victime ? Vous, cependant, Citoyen CRELL, ne pouviez ignorer toutes ces dilapidations consignées dans la procédure volumineuse que vous avez compulsée à votre aise pour y puiser les traits favorables à composer votre libelle ; vous avez dû en gémir plus d'une fois dans le secret de votre Conscience. Pourquoi n'en avoir pas rendu l'organe la *Conscience publique* a laquelle vous faites si souvent parler le langage de la vôtre individuelle ?

Après m'avoir appris que, *par les signes métalliques on s'explique dans toutes les langues*, langage que vous me paraissez connaître à fond, vous ajoutez pag. 9. de votre Conscience ; *qu'il est très difficile, à me croire, que comme homme au-dessus d'une éducation ordinaire, comme homme*

____

(1) Le Secrétaire-interprète toujours fidéle copiste comme à son ordinaire me fait à la page 4 de sa Conscience appeller ce Kœnig un *homme fabuleux* dans la courte réponse qu'il me prête. Qu'il sache donc que je connaïs assez ma langue pour ne pas me servir d'une expression aussi ridicule ; j'ai appellé le Maire de Wadern le *fabuliste Kœnig*, comme ayant fait un véritable conte dans sa déposition contre moi ; mais je ne l'ai point appellé un *homme fabuleux* car il n'est ni feint, ni controuvé, ni inventé et n'est rien moins qu'un héros.

ue lettres amateur des sciences et de beaux arts, je *ne* comprendrois *pas un mot d'allemand.*

Passons les fautes de langage qui fourmillent dans cette phrase et que je serais en droit de relever puisque vous êtes un secrétaire - interprète présumé savoir presqu'aussi bien la langue française que la vôtre maternelle;

Quoi! parceque vous me supposez un homme de lettres, un amateur des sciences et des beaux arts, je dois comprendre quelques mots d'allemand? c'est comme si je disais: le Cit. WYTTENBACH est un homme de lettres, amateur des sciences et des beaux arts; donc il doit entendre, l'hébreu, le syriaque ou le chinois. Quel absurde raisonnement! . . . . On voit bien Cit. CRELL, que vous n'êtes, vous, ni homme de lettres, ni amateur des sciences et des beaux arts; . . . . car vous ne savez même pas raisonner.

A l'article 7 des devoirs de l'homme et du Citoyen de la Constitution de l'an 3 que vous m'appliquez (page 14,) par l'organe de votre Conscience publique , j'op. poserai le témoignage de votre Conscience individuelle pendant les trois jours qu'a duré mon jugement au Tribunal correctionnel. Il vous est échappé de dire à différentes reprises et même après la prononciation de mon plaidoyer, que vous ne conceviez pas comment ou avait pu bâtir l'échaffaudage d'une procédure correctionnelle sur des dépositions aussi futiles et aussi frivoles, vous avez même ajouté que vous ne doutiez pas que je ne fûsse absous et vous n'avez pas tenu ce langage devant moi seul qui ne vous faisais aucune question là - dessus; mais vous l'avez dit devant un grand nombre d'individus qui, ainsi que moi, n'ont pas été peu surpris de voir votre *Conscience publique* en contradiction ouverte avec votre Conscience individuelle.

Vous poursuivez le cours de votre déraison et vous

ajoutez (page 14 de votre conscience,) que *mon juge-*
ment m'a rendu à la fois grâce et justice, mais soyez donc
un peu plus, conséquent avec vous même Cit. CRELL,
et apprenez qu'en français comme en allemand et dans
toutes les langues qui servent à raisonner un jugement qui rend justice ne fait aucune grâce et qu'un
jugement qui fait grâce ne rend jamais justice; rete-
nez bien ce raisonnement, et si vous me répondez à
cette lettre, profitez des conseils que je vous donne,
écrivez un peu plus correctement le français, et surtout, raisonnez conséquemment, car c'est là la pierre
de touche des bons esprits.

Vous dites (même page,) que *j'ai tout droit de me*
plaindre des huit mois de poursuite judiciaire que l'on m'a
fait éprouver, cet aveu est précieux dans votre bouche,
et cette fois, la force de la vérité l'a emporté sur le délire de la passion; car comment appeller autrement
cette ivresse qui vous a mis la plume à la main pour
ourdir un tissu d'injures et de calomnies contre un
être qui vous est étranger sous tous les rapports, que
vous ne connaissez pas, et qui est déjà sous la coupe
d'un jugement de condamnation. Quoi! au moment
où je dois être jugé par le Tribunal criminel, au moment où je vais faire retentir les murs de son auditoire
de ma défense contre les argumens de l'accusateur public qui en a appellé contre moi, un pseudo-accusateur
se lève dans la ville de Trèves, il me poursuit dans
l'opinion publique et prétend influencer les juges qui
me sont désignés par la loi? et ce pseudo-accusateur
quel est il? un inconnu! un homme obscur! qui n'a pas
l'intérêt même le plus éloigné à la conviction de ma
culpabilité. Quelle immoralité! quelle barbarie! quelle
bassesse! apprenez, C. CRELL, qu'un prévenu non encore
condamné en dernier ressort est sacré pour tout Citoyen

et que le jour que vous avez répandu dans le public votre libelle contre moi vous vous êtes déclaré vous même mon véritable assassin. Eh ! vous l'avez si bien senti que vous n'avez pas eu le courage de le signer.

Vous le finissez (page 16) en m'accusant faussement *d'avoir travesti les paroles de l'orateur romain contre Déjotarus dans mon Précis historique (page 6.)*

Apprenez, Citoyen CRELL, que le mot *travestir* en français signifie *déguiser* et que c'est en ce sens qu'on dit de l'Enéide qu'elle a été *travestie* par Scarron, mais j'ai cité le texte de Cicéron et je l'ai traduit, non pas en langage *travesti*, mais en bon français, et vous n'avez pas pu dire avec raison que je l'aie *travesti*. En second lieu, les paroles de l'orateur romain n'étaient point adressées à Déjotarus mais à son accusateur, je vous renvoie pour le vérifier à la page 6 de mon Précis ou à l'Oraison de Cicéron pour le roi Déjotarus. Quand on copie, au moins faudrait-il copier fidélement, et quand on se sert des mots d'une langue qu'on ne sait pas, il faudrait se les faire expliquer avant de s'en servir. Ces deux observations vous sont adressées en votre qualité de Secrétaire-interprète.

Je mets enfin un terme à une lettre déjà trop longue, mais que je n'ai pu resserrer dans un cadre plus étroit. Vous croyez bien que je n'ai pas relevé la moitié des fautes de français, des germanismes, des constructions vicieuses et inintelligibles qui fourmillent dans *votre Conscience*, il m'aurait fallu faire un volume et je n'ai voulu écrire qu'une lettre. Puissent tous ceux qui la liront, en vous plaignant d'avoir aussi maussade-

ment

ment écrit, qu'absurdement raisonné, vous appliquer
ces deux vers du législateur de la poësie latine,

..... *Mediocribus esse poëtis, (scriptoribus)*

Non Di, non homines; non concessere columnæ.

*Un écrivain médiocre est insupportable aux dieux, aux
hommes, aux colonnes mêmes où les affiches annoncent
ses ouvrages!* (Traduction de Pierre Coste.)

*Salut et de votre part, pour l'avenir, un
peu plus de circonspection,*

GUY, CHAUMONTQUITRY.

MÉMOIRE JUSTIFICATIF

POUR

GUY, CHAUMONTQUITRY,

Républicain français. (1)

„ *En tout procès criminel, on peut, on doit dire*
„ *de l'accusé, QUA-T-IL FAIT ? La réponse se-*
„ *rait téméraire avant la fin de la procédure.* „

(Lettre de Mirabeau sur M. M.
Cagliostro et Lavater.)

Qui êtes vous ? me demande l'auteur de la Conscience publique. Qui je suis ? . . . . Français..... j'invoque les loix, et je demande justice. Cette réponse suffirait sans doute pour tous les Départemens de l'ancienne France quelqu'éloignés qu'ils fussent de mon domicile ; mais, je le sens, elle ne peut satisfaire la Conscience de *Crell*, elle ne peut satisfaire dans un Département où le beau titre de français fut si souvent souillé au moment de la conquête et à la suite des armées par des pillages et des dilapidations ;

Ces crimes, il est vrai, n'appartiennent qu'à quelques brigands qui, sous le nom d'agens à l'évacuation, ont plus d'une fois inopinément démenti par leur pré-

B

---

(1) Je ne puis mieux répondre aux reproches calomnieux qui me sont faits par le Citoyen CRELL, (*page 5 de sa Conscience*) sur mon existence aventurière, qu'en mettant en tête de ce Mémoire justificatif la profession de foi que j'ai faite au Tribunal suprême de révision le 12 Vendémiaire dernier. Elle servira donc d'exorde naturel à ce Mémoire.

sence dans cette cité, l'inscription gravée au-dessus du cadran de la cathédrale de Tréves.

„ *Nescitis quâ horâ fur veniet.* „

Quelque répugnant qu'il soit donc pour un républicain de parler de soi, je dirai qui je suis, et ce que j'ai fait, ne voulant pas être confondu avec ces hordes de sauterelles, qui des Départemens français les plus voisins, se sont jettées sur les quatre Départemens pour les infester, et qui non rassasiées, les dévorent encore dans quelques endroits.

Issu d'une caste privilégiée qu'il fallait plustôt oublier que proscrire ; ayant heureusement reçu une éducation qui me mettait au-dessus des préjugés de la naissance, et me faisait regarder les vertus et les talens comme la seule ligne de démarcation qui dût être tracée parmi les hommes ; on peut juger si je vis arriver avec quelque plaisir une révolution qui promettait aux français l'égalité devant les loix et la liberté sans licence.

Aussi, dès les premiers tems, ai-je servi sa cause sacrée avec autant de zèle que je l'avais appellée par mes vœux.

Bientôt victime de mes principes républicains, parce que je n'ai pas voulu fuir lâchement ma patrie lorsqu'elle était en péril, des ennemis cachés m'ont précipité dans les fers et m'ont fait éprouver quatre mois d'une détention illégale sous le titre de *suspect.* Je n'ai puisé dans cette captivité que quelques dégrés de haine de plus contre la tyrannie de quelque masque qu'elle se couvre.

Éloigné de toutes places publiques par la politique ombrageuse du Gouvernement alors existant ; depuis ma mise en liberté, je partageai pendant trois années, avec un frère républicain éclairé et officier de marine

paralysé par les mêmes motifs, l'honorable et pénible
ministère de défenseur officieux et gratuit au Tribunal criminel du Département de l'Eure séant à Evreux.
L'amitié de nos Concitoyens, l'estime même des hommes probes d'une opinion opposée à la nôtre, nous y
dédommagèrent des vexations que tâchèrent de nous
susciter les prétendus honnêtes gens de l'an cinq.

Le cap St. Vincent rétentissait encore du combat à
jamais mémorable soutenu par la flotte Espagnole contre l'escadre anglaise; mon oncle Damblimont chef
d'escadre des armées navales sous l'ancien Gouvernement français, atteint sur son pont d'un boulet britannique, victime d'une mort glorieuse, venait d'expirer,
au service de la puissance Espagnole notre alliée, lorsque mon frère fut envoyé à Cadix comme pour y
venger ses mânes en servant sa patrie en qualité de
capitaine sur les bâtimens de la République.

Il ne me donna dans ses adieux que des regrets cuisans de ne pouvoir me rendre personnellement utile à
mon pays.

Deux occasions s'offrirent enfin, et je les saisis avec
empressement. La première fut l'époque désastreuse
où le Gouvernement faible et incertain de l'an six
menaçait la République d'être engloutie dans un abyme
sans fonds; je pris la plume et signalai les causes du
marasme auquel elle était en proie. (1)

Depuis, et quand la philosophie a été ouvertement
attaquée comme semant la désorganisation dans les sociétés et bouleversant les Gouvernemens; quand un

B 2

____

(1) *Essai sur les causes qui, depuis le 18 Fructidor, devaient
consolider la République en France et sur celles qui ont failli
la faire périr;*

Par Guy, Chaumontquitry, Républicain français; ouvrage imprimé en Thermidor an 7.

apostat de cette philosophie l'a peinte un poignard à la main, immolant autant de victimes que le fanatisme religieux, j'ai élevé ma faible voix pour elle, j'ai fait parler ma raison et mon cœur; et quoique cet ouvrage m'ait suscité des ennemis puissans qui même, en ce moment, abusent peut-être des malheurs dont je suis abreuvé pour les rendre plus insupportables, je déclare que ma Conscience ne me reproche rien contre cet ouvrage, et que, si j'éprouve quelques regrets, c'est que mon éloquence ait été au-dessous du sujet sublime que j'ai traité. (1)

Peu de tems après la publication de ce dernier ouvrage, l'amitié seule m'a fait suivre dans ce Département le Sous-Préfet de Birkenfeld. J'y suis arrivé il y a dix - huit mois; après un mois de séjour à Trèves, je suis retourné à Paris et j'y ai resté jusqu'au 4 Nivôse an 9, époque à laquelle je suis revenu à Birkenfeld où j'ai resté auprès du Sous-Préfet jusqu'au 15 Germinal suivant.

Voilà qui je suis, voilà ce que j'ai fait. Puisse le Citoyen *Crell*, rendre un compte aussi peu équivoque de son existence et de ses actions!.... quant à ma probité, je ne me ravalerai pas à la justifier par des témoignages écrits: il me suffira de dire que parvenu à la moitié de la carrière probable qui m'est promise par la nature, il me fallait venir passer trois mois et demi à Birkenfeld, pour voir mon honneur compromis pour la première fois de ma vie devant un Tribunal!....

---

(1) *De la persécution suscitée par Jean François Laharpe contre la philosophie et ses partisans ;*
Par Guy, Chaumontquitry, Républicain français; ouvrage imprimé en Messidor an 8.

Et c'est pendant ces trois mois et demi de séjour dans ce village, que, si j'en crois les dépositions de trente témoins sur cent cinquante et plus qui ont été extraordinairement entendus dans l'information, je suis tout-a-coup transformé en *Escroc* parmi des hommes dont je n'entends pas un seul mot de la langue !

„ *Nemo repenté fuit turpissimus.* „

Cette maxime du profond Juvenal, ne doit-elle pas m'étre appliquée, et n'y ai-je pas quelques droits ?...

Mais que dis-je trente temoins ?..... sur ce nombre il y en a vingt au moins qui ne témoignent que par ouï-dire, et sur les dix autres, neuf attestent avoir transigé avec un jeune homme qui, seul, dit et declare à la justice, que c'est par mes ordres qu'il a exigé et perçu les sommes escroquées.

Je laisse à l'impartialité de ceux qui me lisent à apprécier une semblable déposition et le dégré de crédibilité qui doit y être ajouté; et je passe de suite à la discussion du caractère des différens délits dont je suis prévenu, ainsi que des dépositions qui ont donné lieu à ma mise en jugement.

En jettant les yeux sur mon mandat d'arrêt et sur l'ordonnance de renvoi du Directeur du jury de Trèves, je me trouve prévenu de cinq délits d'escroquerie et de trois tentatives du même délit sur différens particuliers.

Pour se convaincre de la justesse ou de la fausseté de cette qualification, rappellons ici la définition du délit d'escroquerie telle qu'elle est inscritte art. 35, titre 2, de la loi du 19 Juillet 1791, elle est ainsi conçue :

„ Ceux qui, par *dol*, ou à l'aide de *faux noms* ou „ de *fausses entreprises*, ou d'un *crédit imaginaire*, ou „ d'*espérances* ou de *craintes chimériques*, auraient abusé

„ *de la crédulité de quelques personnes*, et escroqué la
„ totalité ou partie de leurs fortunes etc. . . . . .

. . . .

Il est donc bien constant par les termes mêmes de cette
définition, que, pour être réputé escroc et puni comme
tel, il faut avoir abusé de la crédulité d'un autre individu, avoir employé à cet effet le dol, la supposition
de faux noms, ou de fausses entreprises, ou la peinture d'un crédit imaginaire, l'appât ou la terreur d'espérances ou de craintes chimériques.

Appliquons ces différentes conditions requises par
le législateur pour donner aux juges la conviction de
l'existence du délit d'escroquerie à sept des chefs qui
sont ainsi qualifiés dans mon mandat d'arrêt, on verra
qu'aucun de ces prétendus délits, en supposant pour
un moment leur existence, n'a été commis avec une
des circonstances prévues par la loi pour le qualifier
escroquerie.

Et d'abord, quant au premier chef relatif à la prévention d'avoir escroqué une somme de neuf Francs
à *Jean Kaull* pour une autorisation de plaider contre
la Commune de Breitenheim, le plaignant principal
témoin déclare m'avoir offert lui même cette somme
pour être expédié, et que je ne l'ai pas acceptée, mais
qu'il l'a donnée à un jeune homme; il n'y a donc dans
ce fait aucun des caractères ci-dessus rappellés qui puissent faire induire que ce délit, s'il existe, soit une escroquerie ; c'est bien plustôt et bien réellement, d'a-
près le propre aveu du témoin plaignant, une tentative de corruption contre moi, mais ce ne peut être
une escroquerie de ma part.

La prévention d'escroquerie sur *Pierre Wahlen*,
loin de porter avec elle aucun des caractères de
ce genre de délit, n'a pas même la plus légère

apparence criminelle ; *Jean Martin Kœnig* prétend m'avoir remis dix Louis montant d'un billet fait au profit de *Bertrand* par *Wahlen*; il prétend qu'après lui avoir rendu le billet je m'en ressaisis, le déchirai, et lui rendis la signature *Wahlen*. Où est donc l'escroquerie en supposant l'existence de ces faits romanesques ? y-a-t-il eu dol, supposition de faux noms ou de fausses entreprises, peinture d'un crédit imaginaire, d'espérances ou craintes chimériques ? rien de tout cela n'a eu lieu. D'après le plaignant lui même, tout s'est réduit à la transmission d'un rouleau de dix Louis qu'il prétend m'avoir faite et à la reddition de ma part d'un billet que j'ai déchiré et dont je lui ai rendu la signature. Oh ! l'escroquerie eût réellement existé si, convaincu d'avoir touché ces dix Louis, je ne lui eûsse rendu aucun billet, ou si je lui eûsse restitué une fausse signature *Wahlen*. Alors le délit serait véritablement dans la classe de l'escroquerie ; mais dans l'espèce arguée contre moi par les témoins du deuxième chef, loin qu'il y ait lieu à poursuite d'escroquerie, il n'y a pas même de délit.

La prévention d'escroquerie sur *Antoine Calsing* faisant l'objet du troisième chef ne peut pas davantage être qualifiée *escroquerie* puisque d'après l'aveu des deux témoins *Calsing* et *Rigaux* ils ne m'ont vu employer envers eux ni dol, ni emploi de faux noms ou de fausses entreprises, ni la peinture d'un crédit imaginaire, ni l'appât d'espérances ou de craintes chimériques.

La prévention d'escroquerie sur *Jean Storr* faisant l'objet du quatrième chef est elle plus justement qualifiée ? Non sans doute. En effet ;

Jean Storr après avoir offert une somme de six francs pour une ratification pour la commune de Fischbach,

24

et avoir marchandé longtems, finit par donner à ce qu'il prétend quatre écus de six francs; où sont dans ce fait les caractères requis par la loi pour constater l'escroquerie? on les y cherche vainement, on ne voit ni dol, ni emploi de faux noms où de fausses entreprises; on ne voit pas davantage de crédit imaginaire, d'espérances ou de craintes chimériques, tout se réduit à un acte *de corruption* de la part du plaignant pour se faire expédier, selon son aveu, une ratification dont il avait besoin.

Les tentatives d'escroqueries sur *Jean Martini*, sur *Pierre Sesternheim* et sur *Fréderic Kempf*, formant les 6me, 7me et 8me chefs, peuvent-elles être ainsi qualifiées? non sans doute. En effet peut - il y avoir des tentatives d'escroqueries? on conçoit que dans les délits qui peuvent s'exécuter par des moyens physiques, à l'aide d'instruments, outils ou armes, tels que le vol et l'homicide, il puisse exister des tentatives de ces sortes de crimes, car elles laissent des traces après elles, et le voleur saisi sur l'échelle qui lui servait à commettre son crime au moment où il allait l'exécuter, l'homicide arrété, le coutelas à la main, dans la maison qu'il allait ensanglanter, peuvent être justement condamnés comme coupables des crimes dans l'exécution desquels ils n'ont été qu'empêchés.

Mais que dans un délit tel que l'escroquerie qui repose tout entier sur l'abus de la crédulité d'un individu et où tous les moyens pour le commettre consistent dans des paroles fugitives de leur nature, on prétende à la possibilité d'une tentative, c'est le comble du délire et de l'absurdité. Qui osera donc assigner l'époque a la qu'elle une simple conversation deviendra une tentative d'escroquerie? qui osera tracer la ligne de démarcation entre les phrases qui par la composition et l'arrangement de leurs syllabes opèrent une tentative d'escroquerie et celles où il faut s'arrêter pour ne pas trouver le germe de ce délit?

Le Législateur s'est bien gardé de le faire; il a senti, je ne dirai pas toute la difficulté, mais encore l'impossibilité d'une semblable tâche; et puis qu'en assignant la tentative des crimes tels que le vol et l'homicide comme devant être récherchée et punie à l'instar des crimes eux-mêmes, il s'est tu sur la tentative du délit d'escroquerie impossible a nuancer, à qualifier et à saisir, on doit respecter ce silence, et ne pas faire parler la loi muette sur ce nouveau genre de délits.

Il était réservé à l'officier de police judiciaire de Contz, de mettre, de sa propre autorité, la tentative d'escroquerie sur la liste des délits à poursuivre par la police correctionnelle; c'était à Contz qu'il fallait être renvoyé pour connaître cet étrange délit.

En voilà assez, pour démontrer que la qualification d'escroquerie ne pouvait être donnée par mon mandat d'arrêt et par l'ordonnance de renvoi du Directeur du Jury de Trèves à aucun des délits formans l'objet des 1er, 2me, 3me, 4me, 6me, 7me et 8me chefs.

Reste le 5me chef relatif à une somme de trente cinq louis touchée par moi de la part des habitans de Meissenheim pour obtenir l'établissement de la Sous-Préfecture de Birkenfeld dans leurs murs. C'est le seul délit bien qualifié dans le mandat d'arrêt et dans l'ordonnance; en effet, j'avoue avoir touché cette somme, et je suis accusé par plusieurs témoins de me l'être fait donner sous le *vain prétexte* d'obtenir à Paris l'établissement de la Sous-Préfecture dans la commune de Meissenheim. Ici sans doute, un crédit imaginaire ou des espérances chimériques peuvent avoir été mis en avant pour tromper la crédulité des simples habitans d'une commune; ici, la qualification du délit inscrite au mandat d'arrêt, se trouve concordante avec la défi‑ nition du délit d'escroquerie insérée dans la loi. D'où je conclus, qu'à la rigueur, je n'ai à me defendre com‑ me *escroc*, que du seul delit qui m'est imputé relative‑ ment à la mission dont j'ai été chargé à Paris par la commune de Meissenheim.

Je me hâte d'arriver à la discussion des huit griefs articulés contre moi. J'y procéderai dans l'ordre qu'ils ont été discutés dans la *Conscience publique*; ce mode aura l'avantage de la clarté et de la précision.

Le premier chef est une prévention d'escroquerie sur JEAN KAULL, aubergiste à Breitenheim.

La déposition de SCHWIN premier témoin est rap‑ portée fidèlement, quant au fait, par l'auteur du libéle. Mais ce très partial copiste a omis probablement à dessein une déclaration de ce témoin bien précieuse pour moi. Je la rétablirai pour l'honneur de la verité et pour la honte du Citoyen CRELL, elle est ainsi conçue :

„ Déclare, que lors de ses dépositions devant le Di‑ „ recteur du jury de Birkenfeld, (*le Cit. Mabboux*) „ *il a remarqué que ce dernier à plustôt cherché qu'il char‑* „ *geât le prévenu*, (GUY, CHAUMONTQUITRY) *que BER‑* „ *TRAND.*

Cette déclaration n'a pas besoin de commentaires et démontre jusqu'à l'évidence les intrigues qui ont été jouées pour suborner des témoins contre moi.

KAULL second témoin ne s'exprime point dans les notes recueillies par le greffier du Tribunal correction‑ nel et annexées aux pièces de la procédure comme le faussaire CRELL le fait parler, il dit: „ que voyant que „ son affaire tardait à être expédiée, *il aurait dit au* „ *Citoyen QUITRY qu'il donnerait neuf Francs*, QUE CE

„ *DERNIER A DIT QU'IL N'ACCEPTERAIT RIEN; qu'il*
„ *les remit au témoin Schwin, auquel il les donna.* „

Il y a un peu de différence entre dire qu'on don‑
nerait une somme à quelqu'un et *la lui offrir* comme
le porte l'infidelle Conscience de Crell; il n'y en a
pas moins entre faire dire à Kaull principal intéressé
qu'il remit et *donna* cette somme à Schwin, ou *me*
faire répondre à Kaull, de les remettre audit Schwin,
comme l'avance faussement et à dessein le libelliste
Crell. Il résulte de ces dépositions que le Cit. Kaull
n'a été stimulé d'aucune manière à payer la somme
de neuf Francs objet de ce grief, que c'est lui au con‑
traire qui m'a dit qu'il me les donnerait, et que je
les ai refusés; qu'il les remit au jeune Schwin auquel
il les donna; que celui‑ci entendu sur ce premier chef
a ajouté avoir reçu ces neuf Francs, mais qu'il avait
été question de remettre les papiers dudit Kaull, à
un homme de loi à Trèves, et que le dit Kaull m'a‑
vait chargé de cette Commission au moment où je
partais pour Trèves. Le Cit. Ruppenthal fils, présent
par hazard à l'audience à déclaré, que la seule fois que je
l'aie vu chez lui, je lui ai remis les papiers dudit Kaull,
dont il a suivi l'affaire auprès du Préfet de la Sarre,
et qu'il n'avait point encore été payé de ses peines; donc
il reste bien avéré que Schwin seul a gardé ces 9 Francs.

Il résulte enfin de tous ces faits, et des circonstan‑
ces bien simples qui les ont accompagnées, *qu'une*
somme de 9 *Francs m'ayant été offerte, je ne l'ai point*
acceptée; que si elle a été payée à un autre, celui‑là
ne l'avait, ni demandée, ni exigée, et que sous au‑
cun rapport ce fait ne peut avoir aucune apparence
du délit le plus léger. Je passe au second Chef.

Voilà une escroquerie d'un genre tout‑a‑fait nou‑
veau; Jean Martin Koenig, déclare qu'un jour qu'il

partit de Wadern pour venir à Birkenfeld, FRANÇOIS MÜLLER lui remit un paquet enveloppé de papier qui pouvait effectivement contenir dix Louis *autant qu'il peut se souvenir pour avoir été comptés en sa présence.* Quoi! JEAN MARTIN KOENIG, Maire et Notaire à Wadern, ex-bailli du même endroit? dix Louis ont été comptés en votre présence, et ce n'est, *qu'autant que vous pouvez vous en souvenir,* que vous pouvez affirmer que le paquet qui les renfermait les contenait effectivement? Que je plains votre faible mémoire! mais permettez-moi une réflexion; pour vous aveugler sur sa débilité, n'avez vous point inventé des faits controuvés et romanesques? c'est ce que va nous apprendre la suite de votre déposition, poursuivons : JEAN MARTIN KOENIG déclare, *que le Cit. MÜLLER l'avait chargé de remettre ce paquet à un Secrétaire de la Sous-Préfecture, et que s'il n'eût pas trouvé de Secrétaires, ne sachant pas le nom de celui à qui il fallait remettre cette somme, il l'aurait donnée au Sous-Préfet.*

Voilà un Commissionnaire bien stylé. Celui qui le charge de remettre dix louis lui dit vaguement de les remettre à un Secrétaire de la Sous-Préfecture; mais s'il fallait les remettre au premier Secrétaire venu, il n'y avait donc aucun billet à rendre, et l'histoire du billet déchiré que nous allons voir bientôt, est donc une fable grossière ; car, il serait absurde de supposer que chaque employé de la Sous-Préfecture eût eu un double du billet signé WAHLEN.

Le fabuliste JEAN MARTIN KOENIG, ne s'arrête pas là. Il poursuit et déclare: „ qu'ayant trouvé QUITRY „ seul, il lui remit ce paquet. Pour lors, QUITRY „ chercha dans un tiroir où il prit un billet qu'il re-„ mit au déposant; que par réflexion, l'instant d'après, „ il le lui reprit des mains en déchirant la partie où

,, se trouvait le nom de WAHLEN, qu'il remit au dé-
,, posant pour le donner audit FRANÇOIS MÜLLER. ,,

C'est ainsi que JEAN MARTIN KOENIG, termine sa déposition fabuleuse pour m'y faire jouer un rôle; il a donc oublié, ou plustôt il ne savait pas que le Citoyen WAHLEN, principal intéressé dans cette affaire, avait déclaré avant lui à la justice, que BERTRAND au profit duqel avait été fait le billet en question, avait dit à lui WAHLEN, *que si par hazard il n'était pas à la maison, lorsqu'il viendrait payer ces dix Louis, IL N'AVAIT QU'A LES REMETTRE AUDIT SCHWIN QUI LUI RENDRAIT SON BILLET.*

Entendez-vous, JEAN MARTIN KOENIG, *AUDIT SCHWIN QUI LUI RENDRAIT SON BILLET* et non pas à moi; si vous avez été chargé véritablement de la remise de cette somme, c'est à SCHWIN, et non à moi, qu'on vous a dit de la remettre, et vous ne déclarez faussement me l'avoir remise que pour vous donner à vous même un moyen de l'escroquer à MÜLLER ou à WAHLEN.

Les dépositions de ces deux témoins ne confirment aucuns des faits argués personnellement contre moi par JEAN MARTIN KOENIG, elles ne donnent de détails que sur les causes supposées au prétendu billet fait par WAHLEN au profit de BERTRAND et sur la commission donnée par MÜLLER à JEAN MARTIN KOENIG.

La déposition romanesque de ce dernier reste donc seule et isolée contre moi; mais en supposant pour un moment la vérité de tous les faits y énoncés, qui pourra y trouver, je ne dirai pas une escroquerie, mais même l'apparence d'un délit quelconque; JEAN MARTIN KOENIG m'apporte dix Louis pour le payement d'un billet fait par WAHLEN à BERTRAND, je lui rends ce billet, ou plustôt, la signature après l'avoir déchiré, où est l'escroquerie? où est même le plus léger délit? Müller, Wahlen, Koenig n'avouent-ils pas que ces dix Louis étaient le montant d'un billet fait par Wahlen à Bertrand? n'avouent-ils pas que Koenig a été chargé de le remettre à la Sous-Préfecture? Koenig n'avoue-t-il pas que la signature Wahlen lui à été rendue? et ce déchirement du billet sur lequel il paraît qu'on a voulu fixer les yeux de la justice comme sur un délit, n'était-il pas tout à l'avantage de Wahlen auquel il devenait impossible de jamais le représenter après avoir été ainsi lacéré?....

D'ailleurs, à qui Jean Martin Koenig, fera-t-il accroire, qu'il se soit ainsi laissé reprendre dans les mains un billet qui, de son aveu, lui était déjà remis intact? à qui fera-t-il accroire qu'il n'a jetté aucun cri au moment de cet acte de violence? et mon bureau donnait par deux portes de communication dans la cuisine et dans le grand bureau où il y avait continuellement du monde. A qui fera-t-il accroire qu'il se soit ainsi paisiblement retiré de la Sous-Préfecture, sans être monté chez le Sous-Préfet pour se plaindre d'un acte semblable? et c'est trois mois après que cette scène a du se passer, que Jean Martin Koenig s'en plaint pour la première fois devant la justice et quand il me sçait victime d'une détention arbitraire! toutes ces circonstances expliquent-elles assez les motifs de la déposition de Jean Martin Koenig? elles n'ont pasbesoin, je crois, de commentaires plus détaillés et la Conscience publique, (non pas celle de Crell,) est déjà convaincue de l'insigne fausseté des déclarations de cet ex-bailli (1) *assez connu par ses lu-*

____

(1) Je ne citerai qu'un fait qui vient à l'appui de la moralité du Maire de Wadern Koenig et de François Müller dont la Conscience de Crell a fait un éloge si pompeux et si peu mérité.

*mières, pour qu'il soit impossible d'abuser de sa crédulité
à l'effet de lui escroquer des sommes qu'il ne voudrait
pas donner.* En voilà assez sur un chef où il n'y-a pas
plus d'escroquerie que la plus légère apparence d'un
délit quelconque.....

Le troisième concernant la prévention d'escroquerie
sur ANTOINE CALSING, n'est pas moins dénué de vrai-
semblance.

En effet, ANTOINE CALSING lui même, et JEAN

La perception des contributions directes pour l'exercice de l'an
8 avait été délaissée par adjudication publique dans les mois
de Frimaire ou de Nivôse de la même année au Cit. MÜLLER,
a raison *d'un Centime et demi* par Franc de remise.

Dans le courant de Thermidor suivant, les Citoyens SAAL aîné,
Commissaire du Gouvernement près l'administration municipale
de Wadern et KOENIG père, Secrétaire en chef, annulèrent en leur
propre et privé nom cette adjudication publique et arrétèrent
entr'eux deux seulement, que le Percepteur MÜLLER recevrait
quatre Centimes par Franc. L'Inspecteur des Domaines in-
struit de cette décision provoqua le payement des droits
d'enrégistrement à raison de l'augmentation des remises. Peu de
tems après son installation, le Préfet de la Sarre ayant eu connaissance de ce tripotage, ordonna que l'adjudication première
recevrait sa pleine et entière exécution, que l'accord fait entre
les honnêtes gens, SAAL, KOENIG, et MULLER, serait annullé et
en écrivit vertement au Citoyen SAAL, alors Maire de Hermeskeil.

Voilà un des mille et un faits de délicatesse de l'honnête ex-
bailli de très haute et très puissante dame Madame la Comtesse
de Dachstuhl-Wadern, et autres Lieux, *et cetera, et cetera.*
. . . . Quelle proie pour le zèle chaleureux de l'accusateur
public de la Sarre, ennemi si déclaré du crime et sectateur si
dévoué de la vertu! . . . . . .

On n'accusera pas ce fait de fabuleux, de controuvé ou de calomnieux. Les amateurs de la vérité peuvent prendre connaissance de
son existence dans les nombreux bureaux de la Préfecture, de la
direction de l'enrégistrement et de la direction des Contributions directes...... Au Reste, je ne puis mieux faire apprécier aux

32

Rigaux, devant lequel s'est passé la scène d'un marché fait entre Calsing et Bertrand pour une prétendue ratification, ainsi que le payement qui a été fait
audit Bertrand d'une somme de cinq écus de six francs
chez ledit Rigaux à Coussel, ont déclaré unanime-
ment ne m'avoir vu figurer d'aucune manière ni jouer
aucun rôle dans ces stipulations illicites. Tous les deux
ont déclaré devant le Tribunal correctionnel que Bertrand seul les avait engagés au payement de la somme
qu'il demandait et que c'était en ses mains qu'elle avait
été versée par ledit Rigaux à son domicile à Coussel.
Leurs dépositions m'ont mieux lavé de la prévention
dont j'étais entaché sur ce fait, que les commentaires
les plus détaillés d'une longue défense. Je conclus donc
que les deux dépositions relatives à ce troisième chef
doivent opérer dans tous les esprits la décharge la
plus absolue de tout délit d'escroquerie qui aurait pu
m'être imputé.

Il est vrai que je dois rétablir contre le faussaire Crelé
deux omissions qu'il a faites méchamment et à dessein
dans les deux dépositions relatives à ce troisième fait.

Antoine Calsing, principal intéressé a déclaré
qu'en remettant à Coussel les trente Francs au Curé
Rigaux pour Bertrand, *le prévenu n'y a pas été*, et le
Curé Rigaux en terminant sa déposition à déclaré
formellement que le *Cit. Quitry n'a été pour rien dans
cette affaire.*

___

lecteurs, l'espèce de foi qui doit être ajoutée à la déposition du
Citoyen Koenig, qu'en les prévenant que le Citoyen Warnier,
magistrat probe et intégre et qui en qualité de Directeur du
jury de Birkenfeld a reçu cette déposition, a déclaré devant plus
d'un individu qu'elle avait pour lui tous les caractères de la
fausseté par la peine qu'il avait eue à l'arracher du Cit. Koenig qui avait été *plus de trois heures* à la faire rédiger par le
greffier . . . .

Ces deux déclarations concordent mutuellement pour me justifier de la manière la plus éclatante ; le Calomniateur CRELL devait, d'après cela, les passer sous silence et c'est ce qu'il a fait.

J'aborde une prévention d'escroquerie formant le quatrième chef et reposant uniquement sur les dépositions isolées du plaignant, et du véritable auteur du délit s'il existe. C'est le fait relatif à JEAN STORR.

Avant d'entrer dans la discussion du fonds des deux dépositions qui y ont donné lieu, je ferai sur les déclarations des témoins de ce chef une observation qui sera commune à celles relatives à la prévention d'escroquerie sur FRÉDÉRIC KEMPF, formant le 8me chef argué contre moi. C'est que ces faits reposent tous deux sur les dépositions isolées des plaignant, et du véritable auteur du délit, s'il existe ; or, il est absurde, immoral, et contraire aux premières notions de la législation criminelle d'entendre pour témoins uniques d'un fait à la charge d'un prévenu celui qui s'en plaint, et a intérêt de se faire restituer les sommes prétendues escroquées, et celui que le plaignant désigne comme le véritable auteur du délit pour avoir touché ces sommes, et les avoir démandées lui même.... Ces dépositions quand elles sont solitaires, comme elles le sont dans les deux chefs dont est question, ne peuvent établir aucune conviction contre le prévenu, je dis plus, elles ne peuvent être admises en justice. Écoutons sur cette inadmissibilité le grand MIRABEAU dans ses *observations sur la justice criminelle de la grande Brétagne*, ouvrage qui, pour être destiné à un autre état, ne laisse pas que d'être applicable au code criminel existant actuellement en France, et dont les maximes justes, morales, et salutaires sont de tous les tems et de tous les lieux.

C

L'orateur français demande si le témoignage des complices peut jamais être admis contre un accusé en matière criminelle et il proclame aussitôt cette vérité sainte: *qu'au lieu d'admettre le témoignage des complices dans toutes les circonstances, il ne doit être admis dans aucune.* ... Cette règle est celle que l'on doit suivre dans le cours de cette procédure; et quoique l'on ait entendu comme témoins le véritable auteur et des plaignans, leurs dépositions par cela même qu'elles sont entachées de l'aveu de complicité ou de plainte ne porteront aucune espèce de conviction dans les esprits. Je passe aux circonstances du fait.

Le plaignant Storr a déclaré devant le Directeur du Jury; qu'après *avoir offert* à Schwin pour une ratification d'abord six francs, ensuite *douze et dix-huit francs*, il avait enfin donné *vingt-quatre francs*, et que ces pourparlers de marché avaient été faits arrière de moi dans une chambre étrangère à la mienne.

Schwin au contraire a déclaré devant le même juge; que je me *suis fait payer quatre écus de six francs par Storr, et que lui Schwin a interprété audit Storr ce que je lui demandais.* Ce qui suppose que c'était en ma présence que cette scène avait lieu et ce qui est en contradiction avec la déposition de Jean Storr.

Je déclare que je n'ai jamais donné de pareils ordres au Cit. Schwin, et que s'il s'est ravalé à faire de semblables propositions à des individus même en mon nom, il a étrangement abusé de l'idiôme allemand que je ne parle pas pour me compromettre de la manière la plus astucieuse et la plus coupable; d'ailleurs s'il persiste à affirmer m'avoir servi d'interprète pour une pareille extorsion, qu'il vienne se ranger a côté de moi sur le banc de la prévention, qu'il se défende devant la justice du délit dont il est seul l'auteur et dont, d'après son aveu, je ne suis que le complice; mais, qu'à l'aide d'une calomnie avancée contre moi, il ne croie pas échapper à cette justice et surtout à l'opinion publique qui doit le proclamer seul coupable du délit dont il lui plait de me charger.

On conclura donc, que si des propositions criminelles ont été faites à JEAN STORR ; que si elles ont eu lieu, même en mon nom, elles l'ont été arrière de moi et à mon insçu, et qu'en aucune manière, je ne puis être convaincu d'y avoir pris la part même la plus légère.

On se rappellera aussi que j'ai avancé avec raison que ce quatrième chef ne repose que sur les dépositions solitaires du plaignant et du seul auteur du délit s'il existe ; puisque le Cit. BECKER , entendu sur ce chef à déposé une chose absolument à ma décharge dans la confrontation au Tribunal correctionnel qui a eu lieu entre lui et STORR; ce dernier ayant avancé *lui avoir remis la ratification en question*, ledit BECKER , *a déclaré n'avoir jamais vu STORR, ne pas le connaître, bien loin qu'il ait reçu de lui aucuns papiers*; d'où l'on peut induire avec autant de raison qu'il ne m'a pas plus remis les 24 francs qu'il n'a donné sa ratification audit BECKER.

On cherche vainement dans la Conscience mensongère de CRELL, cette déposition du Cit. BECKER ; elle m'est favorable, on ne l'y trouve pas. Le libelliste passe également sous silence une déclaration assez importante du témoin SCHWIN, qui dépose formellement *n'avoir pas vu payer entre mes mains la somme de 24 francs*, et que STORR lui a seulement dit ensuite me les avoir payés. Ce qui constitue le plaignant STORR, seul et unique témoin de ce prétendu payement.

Après la solennité des débats qui ont eu lieu au

Tribunal correctionnel relativement au 5me chef concernant la prévention d'escroquerie sur la commune de Meissenheim, je ne devrais avoir rien à ajouter. Cependant je fixerai dans les esprits le résultat des dépositions et des débats; mon honneur l'exige, la délicatesse me le commande, puisque c'est le seul fait pour lequel j'avoue avoir touché les sommes reprochées.

De la contradiction des témoins qui ont déposé sur ce chef, des débats qui en ont été la suite et de la lecture de la correspondance volumineuse dont j'ai donné communication au Tribunal correctionnel on a du tenir comme démontrés les faits suivans :

1°. Qu'arrière de moi, du Sous-Préfet et de BERTRAND, les habitans de Meissenheim ont eu l'idée de faire tout leur possible pour obtenir la translation de la Sous-Préfecture de Birkenfeld dans leurs murs.

2°. Qu'à cet effet, ils ont fait une députation au Sous-Préfet qui, verbalement, les a renvoyés au Préfet de la Sarre et au Commissaire général.

3°. Que le Cit. BEURARD un des témoins m'a désigné aux habitans de Meissenheim comme pouvant poursuivre, en leur nom a Paris, la demande de cette translation auprès du Gouvernement, et que je n'ai fait aucune démarche pour obtenir cette mission.

4°. Que le même Cit. BEURARD a été avec moi en correspondance continue au nom des habitans de Meissenheim, depuis mon départ pour Paris effectué de Trèves le 23 Fructidor an 8, jusqu'au 4 Nivôse an 9 époque de mon retour à Birkenfeld, (en tout trois mois et demi.)

5°. Que sur ma demande d'une procuration pour pouvoir suivre les interêts de la commune de Meissenheim, faite dès le 28 Fructidor an 8, lendemain de mon arrivée à Paris, le Cit. BEURARD m'a dès le 11

Vendémiaire an 9, envoyé cette procuration due-
ment en forme, enrégistrée et jointe aux pièces.

6°. Que si un heureux résultat n'a point couronné
mes démarches à Paris, c'est à l'apathie, à l'insouciance à l'opposition même de quelques individus
d'après la correspondance du Citoyen Beurard lui
même, que doit en être attribuée la cause.

7°. Enfin, qu'après deux rapports envoyés par moi
au Cit. Beurard pour être communiqués aux habitans de Meissenheim, je ne me suis décidé à re-
venir que parcequ'ayant attendu vainement pendant
trois mois une pétition que l'on m'avait annoncée
devoir arriver avant moi à Paris, je me suis convaincu que je ne pouvais plus être qu'à charge à cette
commune sans pouvoir lui être utile.

Voilà les faits principaux qui sont sortis des débats relatifs au 5me chef, et desquels on doit con-
clure, que, mandataire légal des habitans de Meissenheim, envoyé par eux à Paris pour obtenir, en leur
nom, l'établissement de la Sous-Préfecture dans leur
commune, je ne peux, sous aucun rapport, être en-
visagé comme leur ayant escroqué la somme de trente-
cinq Louis qu'ils m'ont donnée pour mon voyage à
Paris, le séjour que j'y ai fait pendant trois mois et
demi et mon retour à Birkenfeld.

Je ne puis mieux comparer cette mission qu'à celle
dont le Citoyen Marx, Adjoint au Maire de Trèves,
a été chargé pendant plusieurs mois de l'été dernier
par le Conseil général de cette ville pour obtenir l'établissement du Tribunal d'appel. Eh bien ! dira-t-on
que le Citoyen Marx a escroqué la somme qui lui a
été allouée ? et si, dans quelques mois, il était traduit au
Tribunal correctionnel sur la déposition de quelques
Citoyens trompés dans leurs espérances, condamnerait-
il le Citoyen Marx comme escroc ?

On n'oubliera pas un incident des débats qui a du démontrer la passion et la partialité d'un des témoins à charge contre moi. On a encore présente aux yeux la signature de ce témoin apposée au bas de la procuration qui m'a été donnée par les habitans de Meissenheim ; et c'est ce témoin qui a déposé que, *sous le vain prétexte* de faire établir la Sous-Préfecture dans cette commune, jai escroqué à ses habitans une somme de trente cinq Louis ! à quel délire aveugle, la passion, la haine, l'animosité peuvent-elles pousser les hommes les plus simples !

Voilà donc ce 5me chef relatif à la prévention d'escroquerie sur la commune de Meissenheim , le voilà réduit à ses termes les plus simples et les plus vrais, à un mandat légal qui m'a été donné par les habitans de cette commune pour appuyer auprès du Gouvernement la demande de la translation de la Sous-Préfecture dans leurs murs ; voilà ce chef le plus grave de tous ceux qui me sont reprochés, le voilà rendu au néant dont il n'aurait jamais du sortir.

Le libelliste CRELL en déclarant dans sa *Conscience publique*, que je me suis défendu *presque trois heures sur ce fait* a avancé un mensonge, puisque toute ma défense n'a pas duré plus de *trois heures*; et quand il parait s'étonner que je me sois un peu étendu sur ce fait, le seul qui eût l'apparence d'un délit d'escroquerie, il ment à sa propre *Conscience*, il oublie à dessein la lettre monstrueuse écrite par le juge de paix de Contz au Directeur du Jury de Trèves, et qui était un véritable acte d'accusation contre moi relativement à ce chef.

Je devrais terminer là mon mémoire justificatif, en effet n'y ayant plus dans l'ordre des faits qui me sont reprochés d'après mon mandat d'arrêt que trois tentatives d'escroquerie, et ayant démontré dès le commencement de ce mémoire, que l'existence de semblables tentatives répugnait au bon sens, à la raison, à la morale et à la loi, il semble que ma tâche devrait être consommée. Mais il faut effacer des esprits même les plus prévenus contre moi, jusqu'aux dernières traces de soupçons injurieux à ma délicatesse, et quelque dégoûtant qu'il soit de se justifier de semblables bassesses, je manifesterai à tous les yeux l'innocence la plus éclatante sur les chefs même les plus absurdes.

La tentative d'escroquerie sur JEAN MARTINI formant le sixième chef est de ce nombre; la déposition du plaignant est formellement contredite par celle du Gendarme CHARLES qui, survenu à ma réquisition, dément tous les faits controuvés et avancés dans sa dénonciation calomnieuse.

En effet, il dit d'après la *Conscience de* CRELL, „ avoir „ reçu de la Sous-Préfecture un billet pour y prendre „ l'extrait d'un réglement forestier, et qu'on lui avait „ exigé pour cela 7 Francs; que l'ayant mis dans sa „ poche sans avoir payé, on l'avait empoigné, déchiré „ son habit et mis dans une telle peur qu'il ne savait „ où il avait été, qu'on lui a vuidé ses poches en re- „ prenant l'expédition, que pour ce faire, on avait „ même apellé un Gendarme, *qu'il ne connaissait ce-* „ *pendant pas ceux qui l'avaient attaqué.* „

Voilà où s'arrête la fallacieuse *Conscience de* CRELL, elle ne dit pas que le plaignant a ajouté : que le Sous-Préfet étant survenu, lui MARTINI lui demanda s'il devait payer sept francs sans quon lui en donnât quittance, *que le Sous-Préfet dit: qu'il ne devait rien.* Cette réponse venait à la pleine décharge de mon trop malheureux ami, la *Conscience de* CRELL devait la passer sous silence.

Veut-on avoir toute la vérité sur ce fait, écoutons

le Gendarme CHARLES déposant d'abord devant le Directeur du Jury de Birkenfeld, il y a déclaré ,, *qu'effec-* ,, *tivement les Citoyens* COURCHAMP *et* QUITRY *l'avaient* ,, *fait demander*; *qu'étant* entré dans le Bureau de la ,, Sous-Préfecture, il avait vu ledit MARTINI tirer de ,, sa poche un papier qu'il avait jetté sur une table di- ,, sant: *je le payerai* qu'alors le Citoyen COURCHAMP lui ,, dit: *qu'il ne s'agissait pas d'argent, qu'on ne payait pas* ,, *dans son Bureau, que tout se faisait gratis, qu'il fallait* ,, *une lettre du Maire qui l'autorisât à lever l'expédition de* ,, *cet arrêté;* qu'ils étaient sortis tous deux MARTINI ,, et lui déposant. ,,

Cette déposition d'un tiers qui n'a aucun intérêt à déguiser la vérité, donne-t-elle un démenti assez formel à la déposition du plaignant?

Avais-je besoin d'une autre déposition que de celle-là pour appuyer ma défense? et quand le Cit. CRELL dit: que j'ai avoué le fait relatif à MARTINI *tel qu'il a été proposé par le témoin* SCHWIN; qu'il me permette de lui donner un démenti à cette assertion, je me suis référé à la seule déposition de l'impartial Gendarme sans m'inquiéter si celle de SCHWIN était ou non concordante avec la sienne.

O mon ami! toi qu'un caractère trop faible a précipité dans le dédale d'une procédure monstrueuse, c'est a ce seul fait relatif à MARTINI, que tu as du ta mise en jugement prononcée par arrêté des Consuls! c'est sur ce seul fait que le Conseil d'état a délibéré! et nos persécuteurs bien adroits et bien acharnés n'ont jamais expédié à Paris la déposition du Gendarme CHARLES qui opérait ta pleine et entière decharge? elle est restée dans la poussière des Cartons de Mayence! ó justice! justice! ton jour tardif, mais solennel arrivera enfin! il luira pour mon ami! son innocence, dont ses mœurs, son aménité, sa douceur, son amour pour les lettres et les arts sont des gages multipliés, sera proclamée, et il aura la grandeur d'ame de pardonner à ses ennemis qu'il a déjà oubliés ! . . . . .

Puissé-je avoir le bonheur de le défendre au nom de l'amitié et prouver aux habitans de ce pays que si un tendre attachement fut mon seul motif pour l'accompagner dans sa prospérité, la défense de son honneur me ramènera dans cette ville le jour de son jugement !

Je ne m'arréterai pas long-tems, au 7me Chef rélatif à la tentative d'escroquerie sur Pierre Sesternheim ; les débats qui se sont prolongés sur ce prétendu délit, les réponses détaillées que j'ai faites à la déposition de chacun des témoins nombreux qni ont parlé sur ce fait, doivent avoir convaincu tous les Citoyens qui m'ont entendu au Tribunal correctionnel :

1°. Que si des marchés ont été passés entre le plaignant et le Cit. Schwin pour des expéditions de ratification, ils sont absolument du fait de ce dernier qui n'a jamais agi d'après mes ordres.

2°. Que relativement à la prétendue ratification du procés-verbal de Niederbrombach, elle n'a jamais existé signée du Sous-Préfet ou de moi pour expédition.

3°. Que je n'ai jamais fait répondre à Sesternheim par l'interprétation de Schwin, si-non qu'il fallait attendre l'arrivée du Sous-Préfet alors absent, pour savoir si Sesternheim pouvait rester adjudicataire.

4°. Enfin, que le Sous-Préfet a maintenu les deux Citoyens qui étaient les premiers et le plus légalement adjudicataires parcequ'il s'est apperçu que Sesternheim par son association avec le juif Kronum-Mendel, avait voulu les éliminer au moyen d'une sous-enchère d'un franc par jour, ce qui était contre les premiers principes de la justice distributive. . . . . .

Je ne terminerai pas mes réponses relatives à ce 7me chef sans faire remarquer à mes lecteurs la manière officieuse avec laquelle le Citoyen CRELL a falsifié et tronqué deux dépositions importantes de ce fait et a ajouté dans une autre une circonstance très grave qu'il n'a puisée que dans son imagination.

Le 1er témoin PIERRE SESTERNHEIM n'a pas déclaré, comme le dit *la Conscience publique*, *que, pour faire ratifier son procès-verbal d'adjudication le Citoyen QUITRY lui a exigé trente francs*. Mais il a déclaré comme le portent les notes des dépositions des témoins, *que le Citoyen SCHWIN a exigé de lui trente francs, au nom du Cit. QUITRY*, ce qui n'est pas la même chose ; puisque, d'après le libelle de CRELL, je serais l'auteur du délit, tandisque, d'après de plaignant SESTERNHEIM, c'est SCHWIN qui seul jouit de ce privilège exclusif.

Le 1er témoin ajoute à la fin de sa déposition, *qu'il n'a rien payé du tout.* Je rétablis cette déclaration omise méchamment par le rédacteur de la *Conscience publique.*

Le 2me témoin *BENJAMIN KRONUM* n'a pas déclaré comme le porte faussement la Conscience de CRELL : *que QUITRY a demandé six gros écus* ; mais il a déposé : *que SCHWIN a demandé, AU NOM DE QUITRY, six gros écus* ; et il a ajouté, comme le premier *témoin* ; *que rien n'a été payé, et que le père de lui déposant était l'associé du témoin précédent dans l'entreprise de ces travaux*, circonstances opérant ma décharge et pour cela omises à dessein par le libelliste.

Enfin, le témoin SCHWIN entendu sur ce fait, comme neuvième témoin, dans les longues et nombreuses dépositions qu'il a passées devant le Directeur du Jury, MABBOUX, et devant le Tribunal correctionnel de

Trèves, n'a jamais parlé de plaintes ou propositions prétendues faites par lui à la femme de chambre de Madame de COURCHAMP; et celle-ci entendue sur d'autres faits dans l'information de la procédure n'a passé aucune déclaration relative au fait de SESTERNHEIM. Il était réservé au faussaire CRELL de présenter impudemment au public le résultat de son imagination menteuse comme une déposition marquée au coin de la vérité. Je laisse aux lecteurs à appliquer à cet imposteur les réflexions qu'inspire sa conduite calomniatrice.

J'arrive au 8me et dernier chef relatif à une tentative d'escroquerie sur *FRÉDÉRIC KEMPF*; il repose comme le 4me relatif à JEAN STORR, sur les dépositions isolées du plaignant et du seul auteur du délit s'il existe et qui déclare toujours avoir demandé de l'argent d'après mes ordres.

Mais par un hazard qui n'est que trop ordinaire dans le cours de cette procédure, il y-a encore entre ces deux témoins une contradiction très forte sur la quotité de la somme demandée.

FRÉDÉRIC KEMPF déclare en effet: *qu'ayant été auprès d'un jeune homme dont il ignorait le nom, il demanda à lui déclarant douze francs pour avoir la ratification; mais que sur cette demande, il rendit le procès-verbal d'adjudication et se retira sans payer.*

SCHWIN déclare au contraire, avoir demandé *six francs* au Citoyen KEMPF pour l'expédition de la ratification du procès-verbal d'une perception, *et ce, par mon ordre.*

Que les deux témoins se concordent donc entr'eux sur la quotité de la somme demandée en mon nom. Ce qu'il y a de vrai dans ce fait-là, c'est qu'effectivement j'ai envoyé le Citoyen KEMPF chercher la ratification auprès du Citoyen SCHWIN, après lui avoir demandé s'il avait satisfait aux frais qui se montaient au prix

44

du papier timbré : et que s'il lui a été demandé soit
six, soit douze francs, comme les deux dépositions
varient, cette demande a été faite sans ma participation ;
en observant qu'avec le Citoyen Kempf qui parle bien
français , je n'avais pas besoin d'un interprète, et que
je pouvais lui faire ma demande moi même, sans me
donner un témoin aussi incommode qu'inutile.

J'ai démontré au commencement de ce mémoire,
que, sur les huit chefs auxquels je viens de répondre
successivement, le seul fait relatif à la Commune de
Meissenheim pouvait être qualifié *escroquerie* ; j'ai démontré que d'après la définition insérée dans l'article
35 du titre 2 de la loi du 19 Juillet 1791, aucune des
circonstances requises par le législateur ne pouvait au-
toriser cette qualification pour les sept autres chefs.

J'ai fait voir l'impossibilité de l'existence d'une tentative d'escroquerie ; j'ai prouvé qu'elle répugnait au
bon sens, à la morale et à la loi qui ne lui a donné
aucun caractère de délit ; j'en ai induit relativement
aux trois derniers chefs relatifs à autant de tentatives
d'escroqueries, que, là où il n'y a point de délit,
il ne peut y avoir de pénalité appliquée, ou d'absolution prononcée ; c'est ce que *la Conscience publique*
(qui n'est pas celle du Cit. Crell) a déjà prononcé
sans reserve sur les chefs concernant Martini, Sesternheim et Kempf.

J'ai rappellé les principes conservateurs de l'innocence et qui ne permettent pas qu'on admette en justice le témoignage des dénonciateurs, des complices, et, a plus forte raison, des auteurs des délits, et,
surtout, qui défendent d'y ajouter aucune foi quand
ces témoignages concourent seuls à la preuve d'un
fait ; j'ai rappellé les paroles de l'orateur français sur
cette matière ; et en appliquant ses principes aux faits

particuliers de STORR et de KEMPF, formans les 4me. et 8me. chefs où le plaignant et le véritable et seul auteur de ces délits sont les seuls qui attestent les faits à ma charge, j'ai démontré que l'on ne pouvait avoir la conviction de l'existence de ces prétendus délits; LA CONSCIENCE PUBLIQUE, (qui n'est pas celle de CRELL) prononcera que j'en suis acquitté.

J'ai remis sous les yeux des lecteurs les aveux passés par KAULL et SCHWIN relativement au premier chef, et je leur ai démontré qu'ils opéraient ma décharge; LA CONSCIENCE PUBLIQUE, (qui n'est pas celle de CRELL) la prononcera également.

J'ai rappellé les dépositions passées par CAISING et RIGAUX relativement au troisième chef, et j'ai fait observer qu'elles démontraient mon innocence sur un grief qu'ils reprochent exclusivement à BERTRAND; LA CONSCIENCE PUBLIQUE, (qui n'est pas celle de CRELL) prononcera donc que je ne suis point coupable de ce délit.

J'ai prouvé que le second chef relatif à WAHLEN argüé par un seul témoin contre moi dans une déposition qui a tous les caractéres de la fable, fût-il vrai dans toutes ses circonstances, n'a pas la plus légère apparence de délit; LA CONSCIENCE PUBLIQUE, (qui n'est pas celle de CRELL) prononcera encore que je ne puis être coupable.

J'ai démontré que la déposition du dénonciateur MARTINI était absolument démentie par celle du gendarme CHARLES qui n'avait aucun intérêt à déguiser la vérité et qui opérait ma décharge, j'en ai conclu que sur ce 6me. chef relatif à MARTINI, LA CONSCIENCE PUBLIQUE, (qui n'est pas celle de CRELL) devait prononcer mon absolution.

J'ai prouvé qu'aucune convention d'argent, aucun marché n'avait été passé entre moi et SESTERNHEIM relativement aux ratifications qu'il est venu demander à la Sous-Préfecture. Mes moyens employés dans mes réponses aux différens témoins sont encore présens à l'esprit des lecteurs; LA CONSCIENCE PUBLIQUE, (qui n'est pas celle de CRELL) proclamera donc mon innocence sur ce septième chef relatif à SESTERNHEIM.

Enfin, j'ai présenté ma mission à Paris pour la ville de Meissenheim, comme le résultat d'un mandat légal de ses habitans; j'ai démontré que je n'ai employé ni dol, ni faux noms, ni fausses entreprises, ni la peinture d'un crédit imaginaire, ni l'appât ou la terreur d'espérances ou de craintes chimériques pour me faire donner cette mission pour laqu'elle j'ai été présenté, à mon insçu, par un des témoins qui l'a déclaré lui même au Tribunal correctionnel; j'ai convaincu mes lécteurs que je me suis occupé comme je le devais, des intérêts qui m'avaient été confiés, et que si mes efforts, mon zèle et mes travaux n'ont pas été couronnés du succès, ce n'est point à moi, mais à l'apathie, à l'insouciance et même aux obstacles mis par quelques-uns de ceux qui avaient été les plus chauds partisans de la translation que l'on doit en attribuer la cause; LA CONSCIENCE PUBLIQUE, (qui n'est pas celle de CRELL,) proclamera donc encore mon innocence sur ce 5me. chef.

Je ne terminerai pas ce mémoire justificatif sans rendre compte au public du premier jugement rendu hier par le Tribunal criminel de la Sarre, à l'audience qui avait été fixée pour l'appel de ma cause.

Non content d'en avoir appellé contre moi, l'accusateur public a fait au Tribunal le réquisitoire le plus perfide et le plus monstrueux. Il a conclu à ce que les pièces de ma procédure fûssent renvoyées au Directeur du Jury de Birkenfeld, à l'effet de me poursuivre *cri-*

minellement; tandisque lui même, dans tout le cours de l'instruction, a toujours jugé la compétence de mes délits purement et simplement *correctionnelle.*

Pour parer un coup aussi dangereux qu'inattendu, j'ai démontré au Tribunal criminel que le délai de quinzaine que je lui avais précédemment demandé, m'était indispensable; et le Tribunal faisant droit sur ma demande a, par jugement rendu en audience publique, prorogé ma cause au *douze Pluviose prochain* jour où je la plaiderai solennellement et contradictoirement avec l'accusateur public. Son réquisitoire contre moi peut le faire bien justement comparer au *Lion rugissant* de l'antienne qu'il chanta si souvent aux paroissiens de Bouzonville dont il était curé dans l'ancien régime :

Sicut leo rugiens circuit, quærens quem devoret.

Qu'il s'attende donc que je lui résisterai, si non *avec le courage de la foi*, au moins avec l'intrépidité de l'innocence ! . . . .

GUY, CHAUMONTQUITRY.

P. S. Au moment ou l'on finit l'impression de ce mémoire, j'apprends par la voix publique que le Cit. SAAL Président du Tribunal correctionnel de Trèves, fait imprimer une réponse à quelques-uns des faits avancés dans ce mémoire.

Je déclare d'avance au public que si le Cit. SAAL se retranche dans la dénégation pure et simple des circonstances de la conversation que jai eue avec lui, je ne ferai aucune nouvelle réponse et je laisserai le public seul juge de la vérité, à la manière dont jai avancé les faits, et dont le Cit. SAAL les aura déniés.

Si au contraire l'écrit du Cit. SAAL contient de nouvelles calomnies contre moi, je prends l'engagement sacré d'y répondre, et je le confondrai à la face du ciel et de la terre.

www.ingramcontent.com/pod-product-compliance
Ingram Content Group UK Ltd.
Pitfield, Milton Keynes, MK11 3LW, UK
UKHW021716130726
13696UKWH00004B/1850